JN411646

청보리 내음

김 순자

허리끈 조여매고
목마르던 젊은날들
보리밭 사이길로
그 바람결 보고프다
사노라 허기진 마음
돌아가는 길목에

풋보리 서리에도
정다웠던 지난날들
까칠한 상호갈등
보리향에 흩날릴까
앙상한 세월의 징검
보리물결 일렁인다。

丁酉夏 樹村

마음결 무늬

마음결 무늬

김순자 제3 시조집

한국문화사

마음결 무늬

1판1쇄 발행 2019년 3월 15일

지 은 이 김 순 자
펴 낸 이 김 진 수
펴 낸 곳 **한국문화사**
등 록 1991년 11월 9일 제2-1276호
주 소 서울특별시 성동구 광나루로 130 서울숲IT캐슬 1310호
전 화 02-464-7708
팩 스 02-499-0846
이 메 일 hkm7708@hanmail.net
홈페이지 www.hankookmunhwasa.co.kr

책값은 뒤표지에 있습니다.

ISBN 978-89-6817-742-2 03810

이 도서의 국립중앙도서관 출판예정도서목록(CIP)은 서지정보유통지원시스템 홈페이지(http://seoji.nl.go.kr)와 국가자료종합목록시스템(http://www.nl.go.kr/kolisnet)에서 이용하실 수 있습니다. (CIP제어번호 : CIP2019007516)

■ 시인의 말

결 따라 주어진 삶, 바람결 물결 나무결 세상 모두가 나름 작은 무늬로 이루어져 섬세한 세공처럼 곱게 빛어나가 마음결 공감대가 이루어졌으면 합니다.

옥빛 물무늬 비치듯 투명한 내면을 반추하려고 안간힘쓰다 마음결 무늬란 제3집을 발간하게 되었습니다.

세월에 부대끼다 빛 고운 단풍처럼
해맑은 성품에다 하얀 수행 뒤따라야
깊숙한 마음골짜기 샘물처럼 비추리.

비바람 눈보라에 나이테가 새겨지고
은은한 난향처럼 스며들듯 터져나간
오롯이 마음결 따라 어우러져 하나되네

「마음결 무늬」 전문

결혼한 지 어언 50주년 금혼식이 일월에 지나가니

삼남매 마음 맞춰 여행을 보내준 덕분에 반평생을 함께해 온 짝꿍과 별탈없이 에메랄드 바다에 흠뻑 빠졌지요. 새로운 시작을 할 수 있어 참 고마웠고 살아갈수록 또 다른 맛을 함께 나눌 수 있는 기회가 되길 빕니다.

두 번이나 평설을 써주시고 늘 지도 편달해주시는 김광수 선생님, 세 번째 평설을 정성껏 써주신 김홍열 선생님께 감사 인사드립니다.

길 마중 길에서 김순자

2019년 봄

■ 차례

2부 마음에 노을 질 때

3부 그림자밟기

1부
마중길

청 보리 내음

허리끈 졸라매도
목마르던 젊은 날에
보리 이삭 이랑지던 바람물결 보고프다.
사노라
허기진 마음 돌아가는 길목에서.

풋보리 서리하던 시절을 건너와서
무성한 깜부기가
차지한 그 보리밭
암울한
세월 징그면 푸른 사연 떠오른다.

순천만 갈대

부르면 달려와서
지난 세월 풀어 낼 듯

가없는 들녘에서
흰 머리칼 너풀대며

척박한 땅에 서린 한 무리지어 어르네.

일렁이는 물결마다
환한 빛이 실려 와서

쓰러질 듯 휘청대며
하늘을 휘저으며

잎잎이 땅김 머금고 힘찬 결의 다짐하네.

해 구슬 따라

목마른 들꽃처럼
사느라 지칠 때는

먹장구름 헤집고서 비구름도 만나다가

해 구슬
따르다 보면 흐린 마음 맑아진다.

대협곡을 보며

모였다 흩어지는
일체속의 티끌 한 줌

억겁 다생 부대끼다
장엄으로 이룬 절경

한 뼘 발 어디로 떼야
제자리를 찾을까.

비오는 날에

목마른 잎새들의 옥죄인 염원들이
하늘을 어르고 달래
봇물처럼 터진 사랑
웃자라
휘청거리는 심사조차 숙연하네.

등대고 비비던 몸
움츠리던 마음 풀어
좍좍 쏟아 헹궈낸다
한 점 남은 옥의 티도
바래진
세월만큼만 닳아지다 없어지다.

엔델로프캐니언

한 줌
붉은 바람 사암 협곡 덧댄 자국
빙하가 스치고 간
수 만 개 돌기둥에
한 순간 머물다 간 빛 보석으로 박혀있다.

한 세상 떠나가도
흔적으로 빛을 발해
동굴 속 꼬부랑길
잘도 가는 원주민이
먼 옛날 공룡의 전설 인류 역사 쓰고 있다.

*엔델로프캐니언: 미국 서부 4대 협곡

벚꽃처럼

몽우리 벙글다가
핑그르 젖줄 돌아

꿈꾸듯 다가서는 뭇 시선들 환호 속에

눈부신 절정을 찍고
나신으로 승하하네.

만지도 소묘

한 모금 청량감에
짜디짠 마음 열고

비취색 바닷물로
일상을 헹궈내면

티 없이
맑은 내 마음 수천까지 가물댄다.

모래 위 널브러진
마른고기 못다 한 말

밀려와 정 나누다
어느새 쓸려가네

아득한
삶의 언저리 쓸쓸한 폐가 한 채.

선운사 꽃 무릇

얼굴이 곱단 소식 듣고도 늑장 부려
목 늘여 야윈 가지
약속한 듯 토라져도
이별은
또 만날 약속 설움 품고 다지는 거.

화창한 세월만큼 그린다면 지칠 그대
애끓다 다시 만날
웃음 안고 맺힐 꽃잎
그 정을
보듬고 다시 떠날 때는 말이 없네.

봄바람 속에

빛바랜 마른가지
마중물만 들이키다

찬바람 밀어올린
여리디여린 손길

온 몸이
바스러지다 검불 걷고 내민 새순.

겨우내 버틴 세월
앙다물다 맺힌 망울

자책하다 어루만져
고운살 열린 입술

한바탕
자지러지다 하늘보고 웃어대네.

길마중 길 보며

창밖에 눈을 꽂고
잠겨보는 흔들의자

간간이 스쳐가는
길손과 짝꿍 되어

연녹색 아린 손길에 혼곤히 젖어본다.

길마중 길을 나서다

저마다
생각에 잠겨 낯선 이들 걸어가며

주춤주춤 다가서다
슬쩍 보고 지나치다

만났다
삐친 연인들 토라져 돌아서듯.

가슴을
움켜쥐며 담담히 걸어가다

보세요 먼저 하고
손을 맞잡으면

목이 긴
나무들처럼 한 줌 햇살 내려주리

길마중 길 회상

연둣빛 아린 추억 발바닥 간질이면
단발머리 가닥머리
깔깔대는 옛 동산에
메아리 주고받으며
가슴으로 만난다.

덤불 속 바위틈에 꽁꽁 접어 숨겨두던
돌아선 길목에다
찾고픈 파랑쪽지
눈부신 광채를 뿜는
나뭇잎이 새롭다.

길마중 길을 걷다

질주하는 차로에다
무거운 몸 날려놓고

바람소리 파도소리 새가슴에 채워간다.

추억이
기지개 켠다 갈피갈피 헤집으며.

가녀린 어깨 위로
옹골차게 버틴 세월

마지막 숨 고르기 전신으로 전율하다

아득한
낯선 길 따라 뜨신 엄마 생각난다.

길을 찾다

누가 와 부르는 가
휑하니 나선 들길

가다가 돌아서다
멈추면 보일런가

턱 하니
바로 가는 길 그게 어디 쉬운가.

낯설고 물 설어도
막막한 심정으로

인연이 다가서다
달갑게 와 닿으면

자신을
벗어나고파 또 다른 길을 찾지.

자작나무 숲에서

목까지
차오르는 하늘을 향한 염원
연두색 새순 돋아 호수 위에 수를 놓고
비단결
바람이 일어 천리 길 꿈을 꾼다.

골짝에
펼쳐놓은 새하얀 건반들이
아른아른 자아내는 청량한 구슬 소리
제 한껏
내딛을 힘을 줄기차게 뻗는다.

꽃비 속에서

생이란 꽃잎 한 장
봄바람에 몸을 섞어
온 몸으로 감싸면서 어쩔 줄을 모른다만
한 생애 꽃 피고 지고
눈 깜짝하는 사이

살포시 발끝 세워
착지하는 발레리나
숨결 골라 날아가다 내려앉아 머물다가
천상을 오르내리는
빙의憑依의 맛을 보네.

선인장

황량한 모래바람 흔들리는 뿌리 눌러

마른 침 넘기다가
타는 목에 살을 붙여

총총한 꽃잎 한 송이 낯선 침을 뚫었다.

해 구슬

잿빛 구름 사이사이
비집고 나온 웃음

차창을 두드리며
잰걸음 놓는 햇살

옹이진 가슴을 뚫고
뼛속까지 들어간다.

야생화

흙먼지 덮어쓰고
뙤약볕에 꺾인 대궁

한 차례 소나기에 겨우 한 숨 돌려놓고

치미는
설움도 참자 이만하면 살지 뭐.

잎 속에 꽃잎 속에
색다른 생기 찾아

햇살에 요모조모 몸을 돌려 힘을 받다

볼수록
앙증맞구나 기어이 핀 꽃 한 송이.

가을 뜨락

씨 한 톨 또르르 와 잎 피고 열매 맺어

제 할 일 마무리해 두 팔 벌려 누워본다

가없는 쪽빛 하늘에 하염없이 잠기다가.

민들레

돌 틈을 비집고 핀 샛노란 민들레꽃

겨우내 힘든 기억 봄바람을 밀어 와서

잉걸불 가슴을 안고 온몸으로 웃어댄다.

가을 볕

웃자라 엉성한 속 결을 다져 꽉 여물고

거칠게 그을린 몸 금간 마음 아물게 해

단풍 든 햇살 한 줌을 품에 안고 잠 드네.

숲속에서

풀밭에 여울지는 풀냄새 즐기면서

새소리 매미소리 벗 삼아 걷다가는

가끔은 거꾸로 서서 나무들과 놀고프다.

빗방울 소묘

울분을 참고 참다 다져온 시간 찍고
너라면 떠나리라 메마른 대지 안고
배고픈 잎새 달래며 자근자근 두드린다.

매운 맛 쓴 맛조차 훌훌 불며 삼키다가
때로는 머금었던 눈물마저 섞어가며
한숨도 휘파람 되어 방울방울 수를 놓네.

만남이 시작인 날 빈주먹 불끈 쥐고
어설픈 너와 내가 힘겹게 걸어온 길
한 방울 작은 생이랑 갈라진 틈 메꾼다.

가을 단상

하나둘 떨어지는
샛노란 낙엽 밟고

서로들 쳐다보며 물이 드는 가을 인생

되 보면
푸르른 시간 수북이 쌓여 있다.

사르르 날아가서
잡을 수 없는 세월

예쁜 잎 구겨진 잎 발끝에 다 부서지다

홀린 듯
뒤돌아보고 다시 한 발짝 떼어보고.

낙엽 비

발끝에 힘을 모은
무희들 긴 행렬이

휘모는 바람 따라 줄지어 사라지다

은행 잎 짐짓 모른 척
뒷짐지고 따라간다.

고추잠자리

가을볕에 파닥파닥
나래짓에 이는 섬광

형형색색 명멸하며 가슴팍을 누비다가

청잣빛 짙은 호수에
철부진 양 빠진다.

매화 한 폭

새순이 움터 나온 묵은 등걸 가지 끝에

여리고 앳된 꽃잎 젖줄 돌듯 핑 돌아나

붓끝에 타는 생명력 그 향 물씬 듣는다.

낙엽 얘기

하나둘 마른 잎이
훽훽 날아 흩어지며

푸른 날 정겨웁던
사연들이 일어선다.

햇살에 볼 데인 돌담 아직도 화끈한데.

바이칼 호수

맑아서 더욱 푸른
서기瑞氣로 목 헹구고
청정한 물 한 모금
속진을 씻어 낼 때
무심코 두 손을 모아 고개 숙여 합장하네.

올혼섬 부랴트족
뿌리가 똑 같아서
오색 천 조각 두른
솟대들도 정겨운가
무한한 생명의 원천 깊숙이 마시고파.

2부

마음에 노을 질 때

웬일인지

대상포진 후유증에
옆구리가 결려오면

노새 타고 치닫고픈
대협곡 골짜긴 듯

몸속을 파고들어가
신경을 건드린다.

백팔 배

들숨 날숨으로 몸 마음 추스르고
뻣뻣한 목 흐트러진 어깨 살살 돌려 일으키면
관절에 온몸의 핏줄이 쌕쌕대며 돌아간다.

등줄기 타고내린 번뇌 망상 훔쳐내니
오감으로 받아들인 뜨거운 가슴 떨림
용쓰던 마음의 불씨 반야로 채워본다.

막막한 고해苦海에선 항해사의 심정으로
마음지도 항해지도 발 빠르게 따라가다
잘못된 인을 빼야지 백팔관음 되새긴다.

에메랄드 눈동자

로키산맥 만년설이 잠에 취해 이룬 호수
질푸른 에메랄드 그 삼삼한 빛을 떠와
반지 알 눈동자 비쳐 생기 다시 돋는다.

해맑게 태어나서 하얀 수행 뒤따라야
무심한 언행에도 올곧아 투명한 결
마음 씀 한결 같구나 깊고 푸른 저 내공.

비바람 몰아치듯 들이닥친 우환 질곡
제풀에 지친 마음 실낱같은 희망 비쳐
흐린 눈 바늘귀만큼 비벼서 열린 혜안.

한 땀 한 땀

딴딴한 누에고치 슬슬 불려 실을 풀어
하나둘 맺힌 생각
듬성듬성 징그다가
걸맞는 어휘를 찾아 색깔 곱게 천을 짠다.

더해지는 푸름 속에 되찾은 삶의 윤기
내 영혼도 부름 받고
빛깔 찾아 땀을 뜨면
움츠린 등 날개 죽지 절반쯤은 펴지려나.

방황

가파른 산비알길
정상 향한 그 어디쯤

갈수록 숨이 차서
일탈을 꿈꾸다가

손가락 사이로 빠진
그 세월을 헤아린다.

일었다 스러지는
구름처럼 흐르다가

말간 하늘 그 쨍한 햇살
한 움큼 움켜쥐고

응달진 옛 생각하다
허겁지겁 밟고 간다.

그런 네가 필요해

호젓이
있을 때는 넋 놓아 가라앉다

우연찮게
너를 만나 불이 붙듯 확 당기어

모자람 서로 채우며
피가 돌고 힘이 솟네.

며늘아기

빛 보면 흔들리는
내 생애 저물녘에

혼신 다한 내리 사랑 잘 자라는 아들 손녀

그 사랑
가슴앓이도 네가 있어 이룬 거네.

기억의 저편

먼지 속 기다림에
하염없이 목마를 때
비포장 도로 따라
쿵더쿵 방아소리

추억은
가지를 치고 그 연인들 노를 젓네.

마음에 노을 질 때

발바닥 불나도록 종종걸음 치는 날엔

뇌리에 깊이 꽂혀 신열로 끙끙 앓다

먼 길을 돌고 돌아와 여울목에 잠이 든다.

산다는 건

스치듯 지나가는 바람결에 몸 맡기고

흔들리는 순간순간 펼쳐지는 즉석 연출

가없는 냉온의 길을 감다 풀다 지는 것.

굴레 벗기

켜켜이 눌러앉은 세월을 걷어내고

주름 속 살갗처럼 탄력 잃은 마음까지

지금껏 못 버린 일상 유감없이 벗는다.

잠 청하기

투명한 유리알 거울
얼룩 없이 닦고 닦아

한눈에 훤히 비칠 내면의 깊은 계곡

이참에
훨훨 털고 다가서 보는 거다.

모난 생각 지워내고
거리낌도 몰아내고

온몸의 힘을 빼고 늪 속으로 갈앉다가

거북등
슬며시 타고 용궁으로 가 볼까.

뜨개질

밤 날줄
낮 씨줄로 세월을 엮다보면

뱅뱅 돌다 지나가는 한 생도 잠깐인 걸

밟아온
순간순간이 주름처럼 펼쳐진다.

여인의 길

우려와 기대 안고
애간장만 태우다가

가는 허리 졸라매고 있는 정성 다하여서

북 장구 꽹과리 치며
허허 벌판 달려왔네.

기회

앉아서 우물쭈물
결단을 기다리나

성공의 밧줄 타고 다리를 건너야지

가슴이
터질 것같이 펄떡펄떡 뛰거든.

뭐 별 게 있나

하던 일 밀쳐두고
뾰족한 뭘 찾고 있나

바늘에 실을 꿰어 일상처럼 엮어 가면

오금을
못 편 허탈도 주저앉다 일어날 걸.

두껍아! 두껍아!

사십 년 쌓인 애환
낱낱이 걷어내서

폼페이 최후같이
황량한 저 현장에

모나고 닳아진 내 영혼
안식처를 찾고 있다.

때로는 몽당비에도
애틋한 정감 넘쳐

서로가 주저앉아
한 몸인 양 지냈어도

낡은 집
헐어야 다시 새집이 돋아나지.

생각 초점

꿈인가 생시인가 뒤척이다 이끌어 낸

가파른 근심 걱정 가닥을 잡아 간다

눈 감고 스무고개로 잠을 놓쳐 답을 얻네.

이 순간에도

마른 목 흠씬 적실 옹달샘은 어디 있나

내 안에 힘을 모아 정상까지 치달으며

세월이 친친 휘감은 칡넝쿨을 걷어낸다.

머리를 염색하며

한 줄기 빛으로 와 바래진 새치들이

시나브로 무리지어 흰 꽃으로 피어 있네

머리끝 움튼 생기가 발끝까지 내렸으면.

나도 몰라

가스에 불을 켠 채
전화기를 귀에 대면

어느 먼 딴 세상의 소리 따라 가는 건지

이 마음 붙잡고 사는
그런 사람 또 있을까.

꿈의 바다

덜 절인 배추마냥 팔팔 살아 뒤척이다
양 날개 활짝 펴고 '갈매기 꿈' 재현할까
바다 위 푸른 하늘로 하염없이 날아볼까.

눈물 속 땀과 아픔 고스란히 담아다가
파도 속 푸른 서슬 한꺼번에 왈칵 쏟고
뚜우 뚜 뱃고동 따라 다시 길을 나서라고.

주어진 사명 앞에 오롯이 던진 한 몸
숨 닳도록 덧난 상처 흉터마저 지우고
휑하니 돌아선 지금 꿈일까 생시일까.

염주를 돌리며

희끗한 머리칼로
세상을 도리질해

뒤엉킨 몸과 마음
돌려가며 푸는 타래

온 몸을 손끝에 실어 한 올 한 올 새긴다.

길 떠나도 엄마는

이제는 다가와서
내 속에 잠긴 엄마

전화하나 노래하나
엄마 음성 깔려나와

괜찮아
다 잘 될 거야 염원으로 다가온다.

살아온 흔적

스치는 바람결에 눈을 감고 눈을 뜨다

타고난 이목구비 응어리들 천태만상

맺히다 구르다 끝내 돌아오다 주름 결로.

살아나는 힘이다

순간을 잇고 있는 생각의 실고리가

삶이란 긴 사슬에 옹기종기 매달리다

사노라 힘겨운 것만 재편된 영상이다.

삶

혀끝이 저리도록 찰나를 곱씹으면

한평생 사는 맛이 더없이 맵고 쓰다

더러는 달보드레한 순간도 있다마는.

엄마 생각

배 주림 안타까워 남의 집에 보낸 아이

배불러도 샛노래져 제집에 돌아와서

허허한 어미 품속에 화색이 다시 도네.

3부

그림자밟기

욕망의 늪

평생을 지탱해온
섭식의 굴레에서

독소로 가득 채운
욕심들만 넘실대다

선불리 움켜쥐다가
참 나로 돌아올까.

옥류천

소요암 홈을 파서 휘돌아 내린 폭포

시공을 초월한 듯 신비의 숲에 들면

자연과 물아일체인 환영 속에 빠진다.

동반자

두 손을 포개가며 들이쉬고 내쉬어 봐

생각도 한 곳으로
모아지며 사는 거지

나무들 긴 목을 빼고 앞 다투어 하늘 보듯.

법성보살님

채워도 허기지는
서른셋 푸른 날에
정화수 앞 엄마 모습 혼신 다해 새기다가
힘든 일
분에 넘치게
새 힘 받고 살아왔네.

인정의 횃불 들고
가는 길을 열어주고
힘겨운 고비마다 끌어주고 밀어주어
그 말씀
귀에 쟁쟁해
원력으로 삽니다.

팽이

꽁꽁 언 빙판에서
채를 맞고 사는 목숨

안 맞으면 쓰러질까 모진 뭇매 감내하며

그래도
이승이 좋아 맞으면서 사나보다.

전철 타기

눈감고 헤아려도 건너뛰어 지나칠까

저마다 사연 따라 방송에 귀기울여

역 이름 하나씩 듣고 제 갈길 찾아 간다.

흐린 날 오후

켜켜이 껴입어도 뼛속 깊이 시려온 날

영혼은 헐벗은 채 침묵 속에 잦아들어

화석 속 고라니처럼 목이 꺾여 굳어질라.

조롱박

빗물로 윤을 얻어 은은히도 빛이 나서

흡사 진품인 양 품새도 남다르다

추사 댁 울타리 가득 도자기들 주렁주렁.

가곡 교실

삶의 자취 곱게 번진 잔주름 매만지며

노래 가사 감성으로 나만의 음색 찾아

저마다 몸통을 울려 호흡으로 맛을 본다.

재우기

하루에 힘든 일을 주저리 걷어내면

하나씩 고삐 풀어 가벼이 날려야지

머릿속 맴돌던 생각 제풀에 가라앉네.

봄맞이

힘겹게
이겨낸 싹 여린 빛 겹겹 쌓여

바둥바둥 사느라고 해와 달로 힘을 얻어

연둣빛
설렘을 안고 가슴이 열리리니.

때로는
앞이 가려 이리저리 맴돌다가

이마를 부딪치다 조금씩 눈을 뜬다.

안개 속
헤매다가도 길을 찾는 삶이듯이.

때로는

살다가
힘들 때는 온갖 핑계 다 대다가

바닥을 확인하듯
무릎 펴야 다시 선다.

개구리 폴짝 뛰듯이
온몸으로 숨 모아.

해수탕에서

섬섬히 꿈틀대는
지느러미 하나 없이

냉탕에서 팔딱대는 바다 향한 줄달음질

창 너머
햇살을 받은 몽환 속의 실루엣.

황토방 불 침대에
얼음 녹듯 녹은 시름

해말간 뇌리 속에 환한 웃음 가득하면

잠자던 신경 줄 당긴
두 주먹에 힘이 솟네.

비행기 속 와인 한 잔

뒤바뀐 낮과 밤에 금세 곯아떨어지다

결박한 몸을 푸는 한 잔 술 위력인가

나그네 여독에 취해 어스름 늪 빠져 든다.

낯선 인연

씨 한 톨 구르다가 흙속에 박히듯이

외눈박이 비익조들 서로 묶인 사연 줄에

오지랖 넓은 가슴팍 어디에서 온 꽃일까.

하나 되어

바다와 손을 잡고 지는 해를 마주 보며

경이로운 노을빛에 물이 드는 생의 불씨

사노라 지칠 때마다 다시 사는 꿈을 꾸자.

슴슴한 그대

맴돈 지 어언 오 년 내 곁을 지나서야

서서히 느낌으로 사람 내음 풍기더니

마주 본 눈빛이 끓어 호흡 또한 가파르다

백제성

하늘이 내려앉아 지척도 천리인데

장강 협곡 황토물에 심신 담군 선상관광

시선이 읊은 절경 속 삼국지를 만난다.

혼잣말

눈부신 햇살 아래 소스라쳐 눈을 뜨며

콧바람 세게 넣어 배를 불룩 내쉬다가

괜찮아 다 잘 될 거야 바보처럼 웃으며.

창밖의 잠수교

청록색 물결 따라 일렁이는 지난 세월
강물을 드나들며 떴다가 숨었다가
물살에 어깨를 눌러 자라나는 싸한 연민.

너 잊을 구실 찾아 입 다물고 버틴 나날
그 분홍 가슴팍에 가득 차는 쓸쓸함을
날마다 붉은 노을로 재조명을 하는구나.

차오르는 나이만큼 차곡차곡 쌓인 영상
창 너머로 애잔하게 여울지는 풍경 속에
더욱더 또렷한 모습 그 마음도 한결같네.

부정맥을 잡아

가슴이 울렁거려 두려움에 떠는 혈맥

정성 다해 보듬으면 제자리에 안착할까

살면서 힘든 고비는 숨 고르며 가는 거다.

무심코 지나친 길 오르고 내리다가

삶의 길 되밟아도 어긋나면 다 힘들어

마음 줄 단단히 잡고 휘이휘이 가는 거다.

미르폭포

켜켜로 일렁이는
연녹색 잎새 위로

눈빛 시린 햇살 한 줌
푸른 물이 잘금잘금

물줄기
세상 밖으로 은빛 날개 펼친다.

음악회

작은딸 예복으로
드레스 지어입고

당신을 처음 만난
그 순간을 반추하다

스무 돌
가곡의 밤을 물들이는 가을 인생.

치과에서

욱신대는 잇몸에다
반사경 비추더니

이와 잇몸 사이사이 낱낱이 후벼파서

한순간
고통의 가시 발라가며 잠재우나.

종아리 풀어주기

용쓰다 맺힌 어혈
비비고 풀어주자

온몸을 받힌 설움 자긍심 되살아나

꼿꼿이
지탱한 허리 튼실한 기둥처럼.

친구

자다가 문득 깨어 불러보는 너의 이름

들꽃의 씨앗처럼 갈라진 길을 가며

네 속에 내가 있다고 가슴팍을 매만진다.

가위 눌린 세상

소문으로 다가오는 공포를 끌어안고

손끝에 곤두선 신경 꼼짝달싹 못하여도

의연히 대처해 가는 태풍 앞의 숲을 본다.

얼굴 마사지

콧마루 이맛전을 누르다 튀기다가

뼈마디 경락 따라 손끝으로 헤집다가

마음결 옹이진 주름 이 참에 쫙 펴려고.

설날 아침

앙상한 가지 새로 뒤따라올 낯선 나이
다가서도 물러서다 손발이 얼얼하다
벼랑 위 무희의 발끝 아찔아찔 소름 돋네.

생기를 불어넣을 영혼의 보살핌에
맑은 피 돌아가다 닫힌 마음 활짝 열면
겹겹이 패인 주름살 향훈으로 펴려나.

뻣뻣한 관절마다 자근자근 눌러주며
'괜찮아 쓸 만하네' 진심어린 한마디로
발그레 나이만큼을 상기되는 자존감.

마사지

후미진 구석 찾아
토라진 고개 돌려

불같은 정성으로
자근자근 두드리면

나른한
온몸 마디마디 풀어지며 다시 선다.

경락 마사지

경혈을 헤집으며
손아귀 힘을 주어

켜켜이 내려앉은 세월을 걷어내면

광대뼈
다소곳해져 시름조차 사라진다.

뼈와 살 문지르며 지친 멍울 달래준다
얽힌 올 가닥 잡아 촘촘히도 헤쳐 나가
굽어진 등 날갯죽지 다시 비상 꿈꾸게.

그림자밟기

저만치 따라가며
팔을 뻗어 잡으려고

두 발을
동동 굴려 앞서거니 뒤서거니

마음을
조율해 가며 순간순간 포개본다.

방청객

장단을 맞추다가
스스로 흥이 나서

무대 한 복판에 흘러 둥둥 뜨는 마음

쉽사리 그치지 않는 열정 속에 숨이 찬다.

한낮의 소묘

정오의 벤치 위에
번쩍이는 순간들이

점점이 반딧불로
어둠속을 난무하듯

새봄에
다시 살고픈 잎새처럼 쌓인다.

■ 해설

참 나를 찾아가는 여정
-마음결 무늬

김흥열(사단법인 한국시조협회 이사장)

먼저 김순자 시인님의 시조집 『마음결 무늬』 상재를 진심으로 축하드린다.

예술藝術이란 사전적 의미로 보면 "아름다움을 표현하고 창조하는 일에 목적을 두고 작품을 제작하는 모든 인간 활동과 그 산물을 통틀어 이르는 말"이라고 정의되어 있다. 그렇다면 우리의 전통시조의 형식을 빌려 현대감각에 맞는 시조를 창작하는 일도 분명 예술의 한 형태임에는 틀림없다. 사이버리즘에 자아를 상실해 가고 있는 현대인들에게 시조의 전통을 지켜 창작 활동을 한다는 것이 결코 쉬운 아니다.

세상에는 수많은 꽃이 있지만 나름대로 독특한 향기가 있고 무늬가 있고 모양이 있다. 다시 말해 특색이 있다. 우리 삶에 비유한다면 개성이 있다고 말해도 크게 벗어난 말은 아닐 것이다.

우리는 흔히 말하기를 "눈은 마음의 창이다."라고 말한다. 그러면 글은 무엇일까? 글은 "마음의 향기, 또는 색깔이다."라고 정의를 내려도 틀린 말은 아닐 것 같다. 중국 서한시대 사상가인 양웅도 "言心聽也, 書心畫也"라 말하지 않았는가. 시인이 어떤 사물(시적 대상)을 보고 인식하는 과정에서 사전적 의미와 다른 의미를 찾아내는 것은 분명 시인의 몫이다. 예를 들면 '낙엽'을 보고 시적 표현을 할 때 어떤 이는 "이미 죽음"이란 표현으로, 어떤 이는 "겨울을 날아가는 철새"로, 또 다른 어떤 이는 "생명의 탄생"으로 다양한 표현을 할 수 있다. 어떤 표현이 되었든 간에 각 개인의 눈으로 본 시적 표현은 다를 수밖에 없다. 이는 각 시인이 보는 대상에 대한 인식 과정의 차이일 뿐 다른 의미를 지니고 있는 것은 아니다. 그러나 앞서 말한 예술적 의미를 되짚어 보면 어떤 표현이 가장 우리의 감정을 진하게 건드리는지 그것은 글을 읽는 독자의 몫이지 글을 쓰는 화자의 몫은 아니라고 본다.

김순자 시인의 글을 보면서 느낀 그분의 독특한 향기는, 글 어디에도 나는 '불자'라는 말은 없지만, 말마디에서 풍겨나는 그의 향기는 법당에서 피어나는 향냄새와 스님이 두드리는 제법무아, 색즉시공의 목탁소리가 공감각적 옷을 입고 내 코와 귀를 행복하게 만들어 주고 있음을 느끼지 않을 수 없다. 다시 말해 김 시인의 포에지Poèsie는 불교사상에 그 밑바탕을 이루고 있음을 알 수 있다.

김 시인과 내가 지기知己가 된 것은 꽤 오래 전이다. 그분은 불자이고 나는 천주교인이다. 서울을 가는 길은 다르지만 종착지는 서울이다.

삶을 추구해 가는 길은 다르지만 가고자 하는 목적지는 동일하다.

내가 알기로 김 시인은 누구보다 열심인 불자로 하루도 거르지 않고 첫새벽부터 길을 쓸고 닦는 분이시라라는 점은 반드시 밝혀

두고 싶다.

김 시인의 이번 시집은 3부로 구성되어 있는데 그저 편의상 적당히 나눈 것이 아니라 각 부마다 의미를 지니고 있음을 알 수 있다.

이제 김 시인의 정신세계로 들어가 그분의 시세계를 유영해 보고자 한다.

Ⅰ

허리끈 졸라매도
목마르던 젊은 날에
보리 이삭 이랑지던
바람물결 보고프다.
사노라
허기진 마음 돌아가는 길목에서.

풋보리 서리하던
시절을 건너와서
무성한 깜부기가
차지한 그 보리밭
암울한
세월 징그면 푸른 사연 떠오른다.

「청 보리 내음」 전문

시인의 어린 시절처럼 그 세대들은 누구나 배고픈 추억을 지우지 못하고 산다. 요즘 세대들은 아무리 이해하려고 해도 이해가 되지 않는 시절이 있었다. 청보리의 추억은 시인의 세대라면 누구나 가지고 있는 공통의 추억이다, 보리가 여물 때까지 기다릴 수 없어 청보리일망정 불에 구워 먹어야 허기를 면할 수 있던 그런 시절을 시인은 잊지 못하고 있다. 왜 지금 와서 시인은 배고픈 시절을 떠 올리는 것일까? 시인은 이 육체적인 배고픔을 통해 요즘 세대의 배고픈 정신세계를 말하고 싶은 것이기 때문이라 생각된다. 물질적 풍요 속에서 정신적 허기는 인간의 삶을 황폐화시키고 있다. 물질적 가난은 정(情)마저 가난하게 만들지 못했지만 물질적 풍요는 아이러니하게도 이 정을 메마르게 만들고 있다.

배고픈 자는 배고픈 심정을 이해하지만 배부른 자는 남의 배고픔을 이해하지 못한다. 시인은 그 시절을 그리워하는 게 아니라 이 아픔을 통하여 인간적 사랑이 필요한 시대임을 주장하고 싶은 것이다.

사람이 동물과 다른 점이 있다면 본능적 행위보다 이성적 행위를 한다는 점일 것이다. 사람은 사유思惟할 수 있는 세계를 가지고 산다. 이 사유의 세계를 통하여 본능적 행동을 억제 할 수 있다고 보는데 이 사유의 세계 속에서 만난 종교는 이기利己보다는 이타적利他的 사상에 중심을 두고 있다.

내가 아는 이수화(김순자 시인의 법명)는 불심이 아주 깊은 분으로 늘 남을 생각하고 배려하는 시인이다. 그래서 이런 사유의 세계를 통하여 우리에게 일침을 놓고 있는지도 모르겠다.

다음 작품에서 그의 불심의 깊이를 재삼 확인하게 된다.

모였다 흩어지는
일체속의 티끌 한 줌

억겁 다생 부대끼다
장엄으로 이룬 절경

한 뼘 발 어디로 떼야
제자리를 찾을까

「대협곡을 보며」 전문

이 작품은 그랜드캐니언의 대 협곡을 보고 신의 위대함 앞에 지금까지 살아오며 자신이 지은 죄업罪業을 속죄하듯 읊은 작품이다. 우리의 삶은 정말 티끌 한 줌만도 못한 삶이 아닐까? 자연은 늘 그 자리에 있지만 우리는 변화하는 자신은 발견하지 못한다. 종장에서 "한 뼘 발 어디로 떼야 제 자리를 찾을까" 하는 독백은 정말 절창이다. 까마득하게 내려다보이는 낭떠러지로 떨어져 죽을까 봐 근심하는 게 아니라 장엄한 대 자연을 만들어 놓은 신 앞에서 정의롭게, 겸손하게 사는 것이 어떤 것인지 자기 삶의 좌표를 새롭게 정하고 싶다는 독백일 것이다. 이 광활한 우주에서 한 점 티끌 같은 나의 존재는 인식되지 못한다. 지금 이 순간에 내가 할 수 있는 일은 아무것도 없다. 내 삶의 중심은 무엇인지, 어떻게 살아야

하는지, 그에 대한 답을 얻고자 하는 화자의 심리상태를 잘 표현한 글이라 하겠다. 그가 차용하고 있는 시어도 '일체 속의 티끌', '억겁다생', '제자리' 같은 용어처럼 불자 냄새를 풍기는 표현들이기는 하지만 이 한 편의 시조가 우리에게 던지는 메시지 역시, 인간의 존재가 보잘 것 없음을 대변해 주고 있다.

> '간간이 스쳐가는 길손과 짝꿍 되어'
> 「길마중 길보며」 의 중장
> '주춤주춤 다가서다 슬쩍 보고 지나친다.'
> 「길마중 길을 나서다.」의 중장 부분
> '돌아선 길목마다 찾고픈 파랑 쪽지.'
> 「길마중길 회상」의 둘째 수 중장 부분
> '가녀린 어깨 위로 옹골차게 버틴 세월'
> 「길마중 길을 가다」의 둘째 수 초장 부분
> '턱 하니 바로 가는 길 그게 어디 쉬운가.'
> 「길을 찾다」의 첫 수 종장 부분

위 여러 작품의 제목에서 보듯이 시인은 "길"에 대한 생각이 참으로 많다. 이 길은 시인이 살아가야 할 삶의 방향이다. 신을 찾아가는 구도자의 길이다.

그러나 자기 주변에 잡다하게 발생하고 있는 세상유혹이 본인의 추구하는 "참 나"를 찾아가는 데 걸림돌이 되고 있다고 생각한다. 「길을 찾다」라는 작품에서 '턱 하니 바로 가는 길 그게 어디 쉬운가.'라며 제 길을 찾는 일이 쉽지 않음을 말하고 있다. 신의 원의대로 살아간다는 일은 인간에게 희망사항일 뿐 애초부터 불가능한 가르침일지도 모른다.

누가와 부르는가
휑하니 나선 들길

가다가 돌아서다
멈추면 보일런가

턱 하니
바로 가는 길 그게 어디 쉬운가.

낯설고 물 설어도
막막한 심정으로

인연이 다가서다
달갑게 와 닿으면

자신을
벗어나고파 또 다른 길을 찾지.

「길을 찾다」 전문

시인은 '참 나'를 찾아 방황하고 있다. 마음이 허탈하여 자신이 원하는 참모습을 발견하고자 길을 나서 보지만 '진리'란 쉽게 발견될 수 없는 것이다. 다만 그렇게 살고 싶을 뿐이다. 혼탁한 세상에서 정의롭고 순수한 마음으로 산다는 것은 도인의 경지에 오르지 않고는 불가능한 일이다. 현실은 내가 그 길을 가도록 허용하지 않고 있기 때문이다. 그래서 "자신을 벗어나고파 또 다른 길을 찾지"라고 고뇌하고 있는 것이다. 그래서 이수화 시인은 다음과 같이 또 새로운 길을 찾는다.

목까지
차오르는 하늘을 향한 염원
연두색 새순 돋아 호수 위에 수를 놓고
비단결
바람이 일어 천리 길 꿈을 꾼다.

「자작나무 숲에서」 첫 수

시인의 염원은 목까지 차오른다. 신의 뜻을 따라 살고픈 욕망이 마치 자작나무 연두색 잎새 같다. 그가 꿈꾸는 세상은 바로 자작나무 같은 올바른 삶이다.

한파가 몰아쳐도 굽히지 않고 하늘을 향해 곧게 자란다. 흰 색의 얇은 표피 하나로 혹한을 버텨내며 봄을 기다리는 자작나무의 삶이야말로 이수화 시인이 그리는 동경의 세상인지도 모른다.

Ⅱ

딴딴한 누에고치 슬슬 불려 실을 풀어
하나둘 맺힌 생각
듬성듬성 징그다가
걸맞는 말씨를 찾아 색깔 곱게 천을 짠다.

더해지는 푸름 속에 되찾은 삶의 윤기
내 영혼도 부름 받고
빛깔 찾아 땀을 뜨면
움츠린 등 날갯죽지 절반쯤은 펴지려나.

「한 땀 한 땀」 전문

우리네 삶은 매일같이 밝은 태양만 뜨는 게 아니다. 때로는 구름도 끼고 때로는 눈보라도 몰아치며 또 어느 날은 비가 내리기도 한다. 이것이 우리의 일상적 삶이다. 그러나 사람의 마음은 맑은 날에도 비가 오고 바람이 불 때가 있다. 시인은 이렇게 우울한 날에도 "움츠린 등 날갯죽지 절반쯤은 펴지려나." 하며 자신을 다시 추스른다. 그러다가 색깔 고운 천을 짜며 활력을 불어 넣는 자기 결단이 필요하다고 느낀다. 영혼의 갈증은 어디서 오는 것일까? 무엇으로 그 갈증을 풀어 줄 수 있는가? 한 땀 한 땀 채워가는 뜨개질처럼 허기진 영혼도 절대자인 신에 의탁하여 다시 힘과 용기를 얻어내는 방법밖에 없을 것이다.

지나온 삶을 되돌아보면, 밟고 온 매 순간이 천처럼 곱게 짜여 있음을 발견하게 된다. 우리의 생이 하루살이보다 길다고 말할 사람은 아무도 없다. 모두가 한 순간일 뿐이다.

밤 날줄
낮 씨줄로 세월을 엮다보면

뱅뱅 돌다 지나가는 한 생도 잠깐인 걸

밟아온
순간순간이 주름처럼 펼쳐지다

「뜨개질」 전문

그래서 시인에게 있어 산다는 것은 절대적 가치를 지닌 것이 아니라 항상 변하고 임시변통적인 즉석 연출이라고 말하고 있는 것이다. 의지와는 상관없이 바람 부는 대로, 가없는 냉온의 길을 수없이 감다 풀다 하는 것이 우리네 삶이라고 노래하고 있는 것이다. 어쩌면 이러한 삶이 신이 우리에게 요구하는 참 나의 모습일지도 모른다.

스치듯 지나가는 바람결에 몸 맡기고

흔들리는 순간순간 펼쳐지는 즉석 연출

가없는 냉온의 길을 감다 풀다 지는 것

「산다는 건」 전문

이제 시인은 욕망에 사로잡힌 세월을 모두 거두어 내고 지금까지 손안에 쥔 것을 지키려 아옹다옹하며 살아온 지난날들을 유감없이 벗어버리고 해탈의 경지로 들어가려 한다. 그동안 지켜온 소중한 가치가 자신의 삶에 도움이 되지 않고 오히려 자신을 옥죄고 있던 굴레임을 깨닫는다.

불교 선종에서 화두로 삼는 용어로 '방하착'이라는 말이 있다. 중국 송대의 불교서적인 오등회원 세존장의 일화를 보면 흑씨범지가 합환한 오동꽃을 받들어 세존께 공양하자, 부처님이 범지를 불러 '방하착하라'고 말했다는 일화에서 유래된 말이라고 한다. 이 말은 단순히 손을 내려놓으라는 의미가 아니다. 집착하고 있는 마음마저 내려놓으라는 뜻을 담고 있다. 이는 인간의 마음속 깊이 자리하고 있는 탐욕을 버림으로써 무소유를 통한 인간성의 회복이라는 가치관을 말하는 것이다.

다음의 "굴레벗기"라는 작품에서 시인의 방하착의 마음을 헤아려 볼 수 있지 않을까 한다.

켜켜이 눌러앉은 세월을 걷어내고

주름 속 살갗처럼 탄력 잃은 마음까지

지금껏 못 버린 일상 유감없이 벗는다.

「굴레 벗기」 전문

시인은 아직도 영혼의 갈증을 해소시키지 못했나보다.

그래 지금 이 순간에도 마음에는 칡넝쿨이 얽혀 있고 목을 흠뻑 추겨 줄 샘물이 필요하다. 행여나 산 정상에는 -신이 가까이 계시는- 갈증을 해소해 줄 옹달샘이 있을까하여 정상까지 치달으며 자신의 앞길을 가로 막고 있는 온갖 잡목과 넝쿨을 걷어 내고 샘물을 찾아가는 여정이다.

보통 우리는 일체개고一切皆苦라 말하기도 한다. 즉 생에 집착하여 온갖 고통 속으로 제 스스로가 빠져들게 된다는 말이다.

지금까지 살아오면서 유혹받았던 세상의 모든 일 - 재산, 권력, 명예, 출세, 명성, 사랑, 증오 등등 - 을 다 내려놓고 법정 스님의 무소유정신으로 살고픈 것이 시인의 바램이다.

마른 목 흠씬 적실 옹달샘은 어디 있나

내 안에 힘을 모아 정상까지 치달으며

세월이 친친 휘감은 칡넝쿨을 걷어낸다.

「이 순간에도」 전문

다음 「삶」이라는 작품을 감상해 본다.

혀끝이 저리도록 찰나를 곱씹으면

한평생 사는 맛이 더없이 맵고 쓰다

더러는 달보드레한 순간도 있다마는.

「삶」 전문

시인은 삶의 맛이 더 없이 쓰고 맵다고 말한다. 우리 삶의 대부분은 맵고 쓰고 눈물 난다. 시인의 말처럼 '달보드레한' 순간은 얼마 되지 않는다. 이러한 삶이 진정한 "참 나'의 삶이라는 것을 깨닫고 있다. 그래서 원망도 증오도 후회도 할 필요가 없다.

처음부터 없었던 것을 꿈속에서 잠깐 보듯, 현실 속에 잠시 나에게 다가왔을 뿐이다. 혀끝이 저리도록 씹고 또 씹어서 얻어낸 "참 나"의 모습이다.

Ⅲ

그림자는 내 모습일 수도 있고 이웃의 모습일 수도 있다. 이수화 시인이 말하는 그림자는 이 양자를 모두 포함하고 있는 듯하다. 철학자 데카르트는 "나는 생각한다, 고로 존재한다. cogito, ergo sum"라고 말 한 바 있다. 특히 시인에게 있어 이 말은 많은 의미를 던지고 있다. 아우구스티노스는 신神은 이해의 대상이 아니라 믿음의 대상이라는 의미로 이 말을 하였고 데카르트는 "나"라는 주체를 놓고 이 말을 하였다. 이수화 시인의 "참 나"를 찾아가는 과정은 이미 신학자나 철학자들이 수 없이 많이 인용한 말과 그 궤를 같이 한다고 볼 수 있다.

> 평생을 지탱해온
> 섭식의 굴레에서
>
> 독소로 가득채운
> 욕심들만 넘실대다
>
> 선불리 움켜쥐다가
> 참 나로 돌아올까.

「욕망의 늪」 전문

이 작품에서 시인이 밟고 있는 그림자는 자신의 모습이다. 평생을 지탱해온 섭식의 굴레라는 그림자를 보고 어쩌다 잡은 행운의 기회가 진정한 행복인 줄 알았는데 '참 나'와는 전혀 무관한 관계임을 깨닫는다. '선불리'라는 표현이 아주 재미있다. '어설픈 솜씨로 잡은 기회가 자신의 능력으로 착각하는 순간 불행은 잉태되는지도 모른다. 능숙한 솜씨로도 잡기 어려운 기회를 선부른 솜씨로 잡는다는 것은 언어도단이다. 아니 내 욕심이 내 눈을, 마음을 멀게 하는 것이다. 하지만 손안에 잡힌 것이 시인의 몫이 아님을 곧 깨닫는다. 허상이 잠시 나를 속였고 어리석게도 그 꾐에 넘어간 자신을 발견하게 되어 참 나로 돌아올 행운을 얻었다고 볼 수 있다. 이런 깨달음은 자신에게 채찍질을 멈추지 않았기 때문에 얻어지는 신의 축복이다.

저만치 따라가며
팔을 뻗어 잡으려고

두 발을
동동 굴려 앞서거니 뒤서거니

마음을
조율해 가며 순간순간 포개본다.

「그림자밟기」 전문

우리는 누구나 두 발을 동동 구르며 바쁘게 산다. 그렇게 사는 이유가 이수화 시인에게는 나 자신의 본연의 참 모습이 아니라고 생각한다. 갈등과 회한과 경쟁 속에서 피해 갈 수 없는 필연적인 삶은 나를 행복하게 만들어 주지 못한다.

그래서 그는 "나는 누구인가?"라는 화두를 수없이 던지며 마음을 조율해 간다고 말한다.

살다가
힘들 때는 온갖 핑계 다 대다가

바닥을 확인하듯
무릎 펴고 다시 선다.

개구리 폴짝 뛰듯이
온몸으로 숨 모아.

「때로는」 전문

살아가면서 성공만 있는 것은 아니다. 내가 원하면 무엇이든 다 얻을 수 있는 것도 아니다. 남을 의식하고, 남을 경계하고, 남에게 비난받지 않으려고 핑계대기를 서슴지 않는다. 그러나 어느 순간 나락에 떨어져 있는 자신을 발견하고 신에게 매달려 힘을 얻는다. 자신을 구원해줄 이는 신밖에 없음을 깨닫는 순간이 된다.

바다와 손을 잡고 지는 해를 마주보며

경이로운 노을빛에 물이 드는 생의 불씨

사노라 지칠 때 마다 다시 사는 꿈을 꾸자

「하나 되어」 전문

시인은 노을빛을 보며 사유의 공간을 넓히고 있다. 그에게는 노을이 절망이 아니라 아름답게 물이 드는 생의 불씨로 다시 불을 지펴 활활 타오르게 만들고 있다. 보통 우리가 소유하고 있는 사유의 공간이 아니라 '나'를 주체로 삼고 있는 시인만의 독특한 사유의 공간을 만들어 지칠 때 다시 힘을 얻는 꿈을 꾸고 있다.

자다가 문득 깨어 불러보는 너의 이름

들꽃의 씨앗처럼 갈라진 길을 가며

네 속에 내가 있다고 가슴팍을 매만진다

「친구」 전문

이승에서 부부로, 부모와 자식으로, 형제간으로, 친구 간으로, 때로는 원수지간으로 만나 사는 인연을 가지고 있다. 어떤 인연이 되었든 간에 "나"라는 주체는 "너"와는 다른 갈라진 길을 가게 되어 있다. 종장에서 시인은 그런 너를 가슴에 품고 산다고 말하고 있는데 이것이 연緣이다.

소문으로 다가오는 공포를 끌어안고

손끝에 곤두선 신경 꼼짝달싹 못하여도

의연히 대처해 가는 태풍 앞의 숲을 보다

「가위 눌린 세상」 전문

가위눌리는 현상은 꿈속에서만 일어나는 일은 아니다. 요즘은

벌건 대낮에도 가위눌려 사는 일이 다반사다. 일부 금수저들이 민초를 가위눌리게 하곤 한다. 이런 가위눌림 현상은 소문만으로 떠도는 유령이 아니라 실체를 지닌 폭군으로 어느 때 우리에게 다가올지 누구도 모르는 요즘이다.

재벌은 돈으로 모든 것을 살 수 있다. 권력자는 모든 것을 힘으로 짓누를 수 있다. 사회정의를 세워야 할 일부 판검사는 자기의 이익에 따라 법조문의 해석이 바뀐다. 일부 변호사는 자기에게 돌아올 몫을 계산해 보고 없는 죄도 만들어 씌운다.

당하고 사는 것은 힘없는 백성이다. 시인은 이런 불합리한 사회현상을 폭로하고 싶다. 공정하고 정의롭고 자비로운 쪽은 언제나 신神뿐이다. 이수화 시인은 태풍 앞에서도 의연히 대처해가는 나무숲을 보며 자신의 억울하고 힘없는 존재감을 자연현상에서 찾으려 하고 있다. 신은 자연을 배신한 적이 단 한 번도 없고 자연은 아우구스티누스의 말대로 신을 이해하려는 것이 아니라 믿고 있는 것이다. 여기서 시인은 불의와 맞서려는 빈약한 존재로서 몸부림 치며 가위눌려 살고 있는 존재임임을 깨닫는다.

이제 시인은 고뇌의 긴 터널을 지나와 마음의 평정을 되찾고 해탈의 경지로 들어가 있음을 독자에게 고백하고 있다.

> 정오의 벤치 위에
> 번쩍이는 순간들이
>
> 점점이 반딧불로

어둠속을 난무하듯

새봄에
다시 살고픈 잎새처럼 쌓인다.

「한낮의 소묘」 전문

정오에 벤치에 앉아 있는 순간은 반딧불이 어둠속을 지나와 새봄을 맞는다. 다시 살고픈 의욕이 새싹처럼 반짝이며 가슴에서 불타고 있는 열정을 느낀다.

제목 역시 한낮의 소묘이다. 이제 이수화 시인은 사유세계를 유영하다가 마침내 피안의 세계를 발견하고 그곳에 안착하려 한다.

모든 것을 다 내려놓으면 삶은 아픔이 아니라 환희로 다가 오기 때문이다.

Ⅳ

지금까지 이수화 시인의 시세계를 여행하면서 많은 사유의 공간을 살펴보았다.

시조는 외형적 형식은 물론 절제를 요구한다. 이수화 시인의 작품은 주로 불교사상이 근간을 이루고 있는 특징이 있으나 어디에도 불자라는 말을 사용한 적은 없다. 일상화된 평범한 말이지만 그 내면세계는 참 나를 찾아가는 과정은 구도자의 삶이다.

시조(시) 작품에서 화자는 대개 서정적인 면만을 강조하여 독자의 마음에 감동주려는 의도로 온갖 미사여구로 엮으려하기 쉽지만 이수화 시인은 이러한 시도를 하지도 않았고 동원하려 노력한 흔적도 별로 보이지 않는다.

불가에서 말하는 제행무상諸行無常 제법무아諸法無我 일체개고一切皆苦의 정신세계가 그를 지배하고 있다고 볼 수도 있다.

여하간 시인은 이러한 구도자의 길을 가면서 세상은 둘이 아니며 하나라는 깨달음을 얻고 중생의 모든 고통으로부터 해방되고자 하는 사유의 공간을 유영하고 있다고 본다. 모두가 잠시 지나가는 꿈이다. 그는 그 공간속을 거닐면서 영원한 삶을 추구하는 참 나를 발견하고자 하는 시인이다.

앞으로 더욱 정진하여 좋은 글 많이 생산하시고, 많은 사람에게 행복을 주는 시인이 되시기를 간절히 소망해 본다.

2019년 정초(황금돼지해)에

관악산 우거에서